Plongée dans les mers du Sud

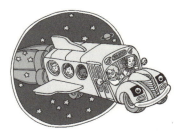

L'auteur : Joanna Cole a eu une prof de sciences qui ressemblait un peu à Mlle Bille-en-Tête. Après avoir été institutrice, bibliothécaire et éditrice de livres pour enfants, Joanna s'est mise à écrire.

L'illustrateur : Yves Besnier est né en 1954. Il habite à Angers. Il illustre des affiches publicitaires ainsi que des livres pour enfants chez Gallimard, Nathan, Hatier, Bayard. Il a illustré *Cendorine et les dragons* et *Cendorine contre les sorciers*, chez Bayard Éditions Jeunesse.

L'auteur tient à remercier le professeur Douglas Fenner, pour ses conseils judicieux.

Titre original : *The Fishy Field Trip*
© Texte, 2001, Joanna Cole et Bruce Degen.
Publié avec l'autorisation de Scholastic Inc., 557 Broadway, New York, NY 10012, USA.
Scholastic, THE MAGIC SCHOOL BUS, le Bus magique et les logos sont des marques déposées de Scholastic, Inc. Tous droits réservés. Reproduction, même partielle, interdite.
© 2007, Bayard Éditions Jeunesse pour la traduction-adaptation française et les illustrations.
Conception : Isabelle Southgate.
Réalisation de la maquette : Éric Doxat.
Loi n° 49 956 du 16 juillet 1949
sur les publications destinées à la jeunesse.
Dépôt légal : novembre 2007 – ISBN 13 : 978 2 7470 2285 9.
Imprimé en Allemagne par Clausen & Bosse.

Plongée dans les mers du Sud

Joanna Cole

Traduit et adapté par Éric Chevreau
Illustré par Yves Besnier

Deuxième édition
BAYARD JEUNESSE

La classe de Mlle Bille-en-Tête

Bonjour,
je m'appelle Thomas
et je suis dans la classe de Mlle Bille-en-Tête.

Tu as peut-être entendu parler d'elle,
c'est une maîtresse extraordinaire,
mais un peu bizarre.
Elle est passionnée de sciences.
Pendant ses cours, il se passe toujours
des choses incroyables.

En effet, Mlle Bille-en-Tête
nous emmène souvent en sortie

dans son **Bus magique** qui peut se transformer
en hélicoptère, en bateau, en avion...

Ah ! J'oubliais ! La maîtresse s'habille
toujours en rapport avec le sujet étudié,
et elle a un iguane, Lise. Original, non ?

Dans ce livre, tu trouveras des fiches
sur les habitants de l'océan, et des indices
fournis par l'ordinateur de bord du Bus.
Ainsi, tu seras incollable sur la vie des coraux
**et des poissons qui peuplent
les récifs tropicaux.**
Et ça, ce n'est pas mal non plus !

1

La Grande Barrière

– Ça y est, les enfants ! Nous sommes arrivés !

En entendant Mlle Bille-en-Tête, je me réveille en sursaut. Après plusieurs heures de vol, je venais à peine de m'endormir !

À côté de moi, Raphaël se frotte les yeux et bredouille :

– Hein ? Qu... quoi ?

Je regarde par le hublot de l'avion magique, nous volons toujours au-dessus des nuages. La maîtresse a gardé notre destination secrète... Tout ce que l'on sait, c'est que ça a un rapport avec la mer. Avant notre départ, elle n'a rien voulu nous dire.

D'ailleurs, notre matinée a été très mouvementée. C'était même catastrophique ! Pour fêter la Journée mondiale de l'océan, Mlle Bille-en-Tête portait une robe décorée de coraux et de poissons multicolores. Elle avait acheté de nouveaux poissons, qu'elle a mis dans notre grand aquarium, au fond de la classe.

Lise, notre iguane, s'est précipitée pour les voir. Et, d'un coup de queue, elle a fait tomber l'album que nous avions créé spécialement pour l'événement. Le livre, posé malencontreusement sur le bord de l'aquarium, a plongé avec un grand « floc ! » au milieu des plantes aquatiques...

Une semaine de travail anéantie en une seconde ! Tous nos exposés et nos dessins effacés ! J'avais passé deux jours à reproduire un récif corallien pour illustrer la

couverture, et tous les élèves l'avaient trouvé super. En voyant mon travail se dissoudre, je me suis retenu de pleurer.

Heureusement, la maîtresse s'est exclamée avec son enthousiasme habituel : « Ne gâchons pas la Journée mondiale de l'océan à cause de quelques gouttes d'eau ! Pour vous consoler, je vous emmène visiter un aquarium... grandeur nature. »

Et voilà comment nous nous sommes retrouvés à bord du Bus, enfin de l'avion magique !

L'engin commence à perdre de l'altitude. Par une trouée dans les nuages, j'aperçois une eau d'un bleu éclatant, avec des zones plus claires çà et là.

L'avion continue à descendre en décrivant des cercles. La vue est incroyable ! Je distingue des dizaines d'îles aux formes différentes, au milieu d'un océan vert pâle.

– Pourquoi l'eau est-elle plus claire à certains endroits ? demande Ophélie.

– Ce sont des récifs, d'immenses blocs de corail qui affleurent à la surface, répond la maîtresse. À cet endroit, l'eau est peu profonde et paraît plus limpide.

– Une barrière de corail…, souffle Anne-Laure, émerveillée.

– Et pas n'importe laquelle ! C'est la plus grande formation corallienne au monde,

précise Mlle Bille-en-Tête. Il s'agit de la Grande Barrière, au nord-est de l'Australie.

Je jette un œil sur l'écran géant de l'ordinateur de bord, qui affiche une carte. Un petit avion indique notre position, au nord-est de l'Australie... Pas étonnant que le voyage ait été si long ! Puis apparaît un commentaire sur notre destination finale.

Gigantesque barrière !

La Grande Barrière de corail australienne compte plus de 2 000 îles et près de 3 000 récifs de toutes sortes, qui couvrent une surface égale à celle de l'Allemagne ! Distants de 1 à 5 km du rivage, les récifs sont séparés de la côte par une étendue d'eau peu profonde, appelée le lagon. Les coraux évoluent dans des eaux dont la température ne descend jamais au-dessous de 20 °C.

— Ouah ! s'extasie Arnaud. On n'en voit pas le bout... Elle est immense, cette barrière !

— 2 500 kilomètres de long, d'après mes recherches ! dis-je.

— Il a sûrement fallu une éternité au corail pour pousser ainsi, fait Ophélie.

— Tu dis ça comme s'il était vivant ! s'étonne Carlos.

– Bien sûr qu'il l'est ! réplique-t-elle.

– Ophélie a raison, intervient la maîtresse. Le corail est un animal très... étrange. C'est plus précisément la réunion d'un animal, appelé polype, et d'une algue. Vous allez bientôt comprendre...

Tout à coup, l'avion magique pique vers l'océan. Nous poussons des cris de frayeur et nous nous accrochons à nos sièges.

– On va s'écraser sur les récifs ! s'écrie

Arnaud. On ne peut pas amerrir avec un avion !

— Avec un avion, non ! répond Mlle Bille-en-Tête en tirant sur les manettes. Avec un hydravion, si...

Juste avant de toucher la surface de l'eau, l'avion se redresse. La maîtresse appuie sur un bouton du tableau de bord. De longues bouées en forme de patins se déploient sous le ventre de l'engin :

des flotteurs ! Encore quelques secondes angoissantes, et l'hydravion se pose en douceur. Il continue à glisser sur sa lancée avant de ralentir.

Ouf ! Le soulagement est général... sauf pour Arnaud.

— Hé ! s'exclame-t-il. Il y a un trou dans le plancher !

— C'est une plaque de verre qui va nous permettre d'observer les fonds marins, explique la maîtresse en riant.

Tout le monde se penche. On n'aperçoit d'abord que du sable ; puis, soudain, un banc de corail apparaît. Et, là, un spectacle magique se déroule devant nos yeux.

2
Un aquarium grandeur nature

Sous nos pieds s'étend une vaste forêt de coraux de toutes formes : boules, étoiles ou tubes ; feuillus, cornus ou fourchus. Et ils sont de toutes les couleurs : rose, noir, jaune, violet...

— Il existe plus de quatre cents sortes de coraux ! précise la maîtresse. Certains sont faciles à identifier. Ce corail-fleur, par exemple.

— Et celui-ci, qui ressemble à un champignon ? l'interroge Véronique.

— Un corail-champignon !

— Regardez ! s'écrie Ophélie en pointant son doigt vers un énorme globe plein de replis. On dirait un cerveau.

— Je suppose que c'est un corail-cerveau ? plaisante Carlos.

— Exactement, confirme Mlle Bille-en-Tête. La plupart des coraux portent un nom en rapport avec leur aspect.

Une foule de poissons aux couleurs vives dansent entre les récifs. Il doit y en avoir des milliers, qui se livrent à un véritable ballet aquatique !

— Plus de mille cinq cents espèces évoluent ici ! dit la maîtresse. Et voici qui va vous aider à les reconnaître.

Mlle Bille-en-Tête nous distribue une série de fiches plastifiées et illustrées de photos, intitulée *Habitants des récifs*.

– Tout ce qui vit ici dépend du récif, ajoute-t-elle.

– Comment ça ? demande Carlos.

– Les petits animaux marins viennent se cacher dans les creux. Les plantes poussent sur le sommet afin de capter la lumière qui leur est nécessaire. Quant aux poissons, ils se nourrissent des petits habitants et des plantes du corail.

— Et le corail, lui, que mange-t-il ? veut savoir Arnaud.

— Bonne question ! Pour y répondre, nous allons devoir nous approcher...

Mlle Bille-en-Tête actionne un levier sur le tableau de bord. Le niveau de l'eau se met à monter le long des hublots, et les côtés du bateau s'arrondissent. L'hydravion se transforme en sous-marin : il prend la forme d'un poisson jaune avec des rayures bleues, et même de fausses nageoires !

Je m'exclame :

— Super ! On va pouvoir plonger !

La plongée sous-marine est mon sport préféré. C'est mon père qui m'a appris. Chaque été, depuis deux ans, il m'emmène avec lui admirer les plus beaux récifs.

— Est-ce qu'on verra des poissons-clowns ? se renseigne Anne-Laure.

Les autres poursuivent en chœur :

— Et des mérous ?

– Des pieuvres ?

– Des re... requins... ? balbutie Arnaud.

Nous nous enfonçons sous l'eau et faisons fuir tous les poissons. Mlle Bille-en-Tête décide, pour ne pas les effrayer davantage, de rétrécir le sous-marin. Curieux, ils finissent par se rapprocher.

Soudain, un barracuda fonce droit sur nous ! Il ouvre grande sa gueule, découvrant une impressionnante rangée de crocs aiguisés.

— Au secours ! Il nous attaque ! s'écrie Arnaud.

— Pas d'inquiétude ! le rassure la maîtresse.

Sans paniquer, elle dirige le sous-marin vers un gros massif de corail-boule, et le met à l'abri. Aussitôt, le barracuda renonce à nous poursuivre.

Vue d'aussi près, la surface des coraux apparaît rugueuse et bosselée.

— Ces immenses structures que vous

voyez là, aux formes et aux couleurs variées, ce sont les coraux qui les ont bâties, explique la maîtresse. En fait, chacun de leurs polypes sécrète un squelette calcaire, une sorte de loge minérale dans laquelle il se niche. Ensuite, toutes ces coques calcaires se soudent et forment des rochers percés de centaines de trous.

C'est quoi, le polype ?

Le polype est l'animal qui constitue le corail.
Il ressemble à un petit sac et mesure 3 cm de diamètre maximum. Des tentacules venimeux entourent son ouverture, sa bouche. Ils se ferment dans la journée, comme un poing serré. Ils se déploient la nuit tels les pétales d'une fleur, afin d'attraper les proies qui passent à leur portée. Le polype abrite une algue qui produit de l'oxygène et lui permet de respirer.
Elle est également un complément alimentaire.

Mlle Bille-en-Tête marque un temps pour nous laisser observer. Puis elle enchaîne :

– Regardez cette couleur orange ! Elle provient des minuscules algues incrustées dans les polypes.

– Pourquoi ces plantes ne cherchent-elles pas un terrain à elles, au lieu de s'inviter chez les polypes ? s'indigne Ophélie.

La maîtresse éclate de rire :

– Mais parce que ce sont leurs meilleures amies ! Elles utilisent l'énergie du soleil, comme toutes les plantes, pour produire leur nourriture, qu'elles partagent avec les polypes.

– Voilà pourquoi le corail pousse non loin de la surface de l'eau ! C'est pour permettre aux algues d'absorber le maximum de lumière, précise Véronique.

– Tout à fait ! confirme la maîtresse. C'est un bel exemple d'association : l'algue dispose ainsi d'un abri sûr, et les polypes, d'une source permanente de nourriture.

– Et les polypes, qui les mange, eux ? demande Arnaud.

Ophélie soupire en levant les yeux au ciel :

– Pff... N'importe quoi ! Aucun poisson n'a une mâchoire assez puissante pour croquer le calcaire !

– Heu... même celui-ci ? souffle Arnaud en pointant un doigt tremblant vers le hublot.

Un poisson avec une bouche crochue en forme de bec, ouverte sur deux rangées de dents, fonce sur nous !

Nous nous abritons vite dans un repli du récif. Seulement, le poisson se met à en croquer un morceau ! Crunch ! Crunch ! Le craquement du corail broyé résonne dans nos oreilles.

– Que c'est excitant ! s'extasie Mlle Bille-en-Tête. Un poisson-perroquet en pleine action !

Il n'y a vraiment que la maîtresse pour trouver cela amusant !

Crunch ! Le poisson enlève un autre bout de récif, tout près de nous. Encore un coup de bec, et nous finirons dans son estomac...

3
Un corail menacé

Je vois avec horreur l'espèce de bec s'ouvrir une nouvelle fois. Juste au moment où il va se refermer sur nous, Mlle Bille-en-Tête appuie sur l'accélérateur.

Nous sommes projetés contre nos sièges, tandis que le sous-marin quitte à toute vitesse son abri précaire.

J'entends le bruit d'une mâchoire qui claque derrière nous. Je jette un regard par le hublot arrière : le poisson-perroquet vient de pulvériser le corail où nous étions cachés !

Ouf ! Nous l'avons échappé belle !

– Il se fait les dents, ou quoi ? plaisante à demi Carlos.

Mlle Bille-en-Tête secoue la tête :

– Le poisson-perroquet se sert de son bec tranchant pour broyer le corail, car il se nourrit des polypes et des algues qui le constituent.

Drôle de perroquet !

Les poissons-perroquets aux couleurs éclatantes vivent dans les eaux chaudes autour des récifs. Ils mesurent de 40 à 90 cm. Certaines de leurs dents se sont soudées et forment une sorte de bec solide. Leur mâchoire est si puissante qu'elle peut couper un fil métallique !
En une année, ces animaux sont capables de réduire en poussière plus d'une tonne de corail ! Ils en rejettent la partie calcaire sous forme de sable fin, qui s'accumule sur le récif.

Habitants des récifs

Nous poursuivons notre exploration. Balayé par le courant marin, le récif grouille de vie. Des poissons filent à notre approche ; les oursins, les concombres de mer et les crabes, eux, nous ignorent.

En plus des coraux et des poissons, le récif abrite aussi des crustacés, des étoiles de mer et de magnifiques coquillages.

Ophélie désigne une zone recouverte de filaments verts et demande :

– Qu'est-ce que c'est ?

– Une autre espèce d'algues, répond la maîtresse. Elles recouvrent le récif et étouffent les polypes. Si les poissons ne les mangent pas, elles vont finir par envahir le corail, qui mourra.

– Mais il y a en plein, ici ! dit Raphaël. Pourquoi...

– Attention ! l'interrompt Ophélie.

Un poisson bleu se précipite sur nous. Furieux, il s'attaque aux nageoires du

sous-marin. Nous préférons nous éloigner.

– C'est quoi, son problème ? s'exclame Arnaud. Nous n'avons rien fait de mal !

– C'est une demoiselle, explique la maîtresse. Elle cultive les algues dont elle se nourrit, et les protège des envahisseurs !

DE FAROUCHES DEMOISELLES

De petite taille et de couleurs vives, les demoiselles semblent bien inoffensives. Mais attention ! Si l'on s'attaque à leur récolte d'algues, elles défendent jalousement leur territoire. Les algues constituent en effet l'essentiel de leur nourriture.

Habitants des récifs

Soudain, la demoiselle s'arrête net et fait demi-tour : un banc de poissons bleu et jaune vif vient de se jeter sur sa récolte. Débordée de tous les côtés, elle a beau mordiller à droite et à gauche, elle ne sait plus où donner de la tête.

– Des poissons-chirurgiens ! s'écrie la maîtresse. On les appelle ainsi à cause des deux épines très aiguisées qu'ils ont sous leur queue. Ils les déploient en cas d'attaque, comme les lames d'un couteau suisse. Ils adorent les algues...

Tout à coup, de l'autre côté du hublot, à quelques centimètres de mon nez, un animal bizarre attire mon regard. Il a dix-huit pattes et son corps rouge est couvert d'épines couleur sang.

– C'est un « coussin de belle-mère », dit Mlle Bille-en-Tête en désignant l'étrange étoile de mer. Ses épines sont venimeuses...

– On dirait un croisement entre une

étoile de mer et une grosse araignée poilue, tombée dans un pot de peinture ! plaisante Carlos.

L'animal rampe sur un massif de corail plat en forme de table, laissant derrière lui une traînée blanche.

– Hé ! Pourquoi le corail est-il devenu tout blanc ? interroge Kicha.

– L'étoile dévore les polypes vivant à sa surface, explique Mlle Bille-en-Tête. La trace blanche, c'est le squelette du corail dénudé. Mais attendez le meilleur ! Pour manger, cet animal rejette son estomac par la bouche et le pose sur le corail.

– Beurk ! C'est dégoûtant ! grimace Anne-Laure.

– Le plus inquiétant, c'est que, si des milliers de ces étoiles dévorent le corail en même temps, elles peuvent faire disparaître tout un récif ! Heureusement, certains animaux les en empêchent. Regardez !

Un jeune crabe vient de sortir d'une crevasse et se dresse face au prédateur, ses pinces brandies d'un air menaçant. Clic ! Clic ! Il commence par rogner quelques épines. Puis il s'attaque au ventre mou du monstre, qui bat en retraite.

Je m'exclame :

– Bien joué, petit crabe !

– C'est vraiment la guerre, ici ! observe Raphaël.

– Mais non ! Il y a des endroits où l'on s'entend à merveille, déclare la maîtresse. Allez, je vous emmène en visiter un tout de suite !

4
Combats sous-marins

En chemin, Mlle Bille-en-Tête ralentit à proximité d'un corail à l'apparence étrangement familière.

– Regardez, c'est une éponge, dit la maîtresse. Vous n'avez pas idée du nombre d'espèces qu'elle abrite.

– Une éponge ? s'étonne Ophélie. Comme celle de la cuisine ?

– Non, celle-ci est vivante ! Mais elle aussi a une grande capacité d'absorption…

Mlle Bille-en-Tête appuie sur le bouton qui commande la taille du sous-marin, et il rétrécit encore. Cette fois, il n'est pas plus gros qu'un pois.

– Heu... Est-ce qu'on ne pourrait pas observer d'un peu plus loin ? s'inquiète Arnaud.

– Et rater une expérience aussi intéressante ? Pas question !

La maîtresse coupe le moteur. Curieusement, nous continuons à avancer. Et plus nous approchons, plus nous prenons de la vitesse.

Soudain, je comprends pourquoi : l'éponge nous aspire !

Nous pénétrons par l'une de ses nombreuses ouvertures. Le courant nous emporte dans une sorte de long tunnel. Celui-ci est hérissé de cils qui, en remuant, facilitent la circulation de l'eau.

Nous passons devant de petits alvéoles. Dans chacun d'eux se cache un animal : un minuscule poisson ou un crabe. Je ne suis pas très rassuré...

DE CURIEUSES ÉPONGES

Les éponges se nourrissent en filtrant l'eau de mer. Elles l'aspirent, la rejettent et ne gardent dans leurs trous que le plancton, des particules microscopiques. Une éponge de la taille d'un ballon de football peut filtrer trois mille cinq cents litres d'eau en une seule journée. C'est la quantité nécessaire pour remplir vingt-cinq baignoires !

Parfois, l'éponge abrite de petits animaux, vers ou crustacés.

Habitants des récifs

J'aperçois dans l'un des alvéoles des centaines de bêtes semblables à...

– ... des crevettes, dit Mlle Bille-en-Tête. Elles vivent en colonie, comme les abeilles. Chacune d'entre elles a un rôle à jouer.

– Tiens... Pourquoi certaines ont-elles des pinces plus grosses que les autres ? s'étonne Raphaël.

– Ce sont des gardes, explique la maîtresse.

– À quoi servent-ils ? Les crevettes sont pourtant en sécurité, ici, intervient Carlos.

– Oh non, certains prédateurs arrivent à se glisser jusque-là, répond Mlle Bille-en-Tête.

– Ouh là là ! C'est mauvais ! fait Arnaud en jetant des regards inquiets alentour.

– Des prédateurs... comme celui-ci ? demande Kicha en désignant un affreux ver aux poils raides qui se faufile à l'intérieur de l'éponge.

– Un ver de feu ! Il vient sûrement chasser les crevettes, déclare Mlle Bille-en-Tête.

À l'approche du gros ver affamé, la plupart des petits animaux s'enfuient. Trois crevettes-gardes se jettent immédiatement sur lui et commencent à lui pincer les antennes. Le prédateur préfère rebrousser chemin.

Mais les crevettes ne s'arrêtent pas là. Excitées par le combat, elles s'en prennent maintenant à nous. Et d'autres arrivent en renfort !

Mlle Bille-en-Tête rallume le contact et enfonce la pédale d'accélérateur. Le sous-marin fait un bond et s'engage dans un tunnel pour quitter l'éponge.

– C'est terrible ! Tout le monde dévore tout le monde, ici, soupire Arnaud.

Nous prenons à droite, puis à gauche, revenons en arrière, empruntons un autre embranchement... Peine perdue ! Impossible de trouver l'issue !

– Oh, non..., gémit Ophélie. Ne me dites pas que nous sommes condamnés à errer dans les galeries d'une éponge de mer !

À cet instant, le sous-marin se met à tourbillonner. Ballottés en tous sens, nous nous accrochons à nos sièges. Par mon hublot, je vois les parois du tunnel défiler à toute vitesse.

– J'ai oublié de vous dire qu'une fois filtrée par l'éponge, l'eau est expulsée par un orifice vers le haut ! hurle la maîtresse. Si je

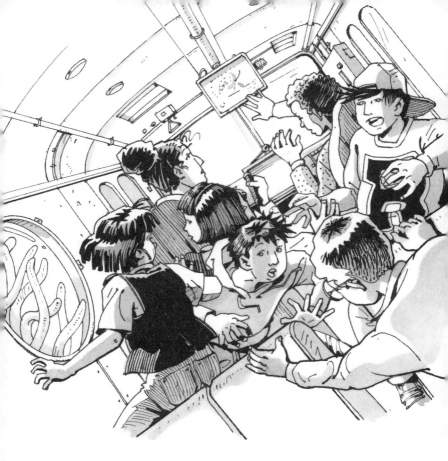

ne me trompe pas, la sortie est proche !

En effet, une seconde plus tard, nous nous retrouvons de nouveau baignant en pleine eau. Mlle Bille-en-Tête réussit aussitôt à reprendre le contrôle du sous-marin.

Je pointe un doigt vers une forêt de coraux multicolores aux branches souples qui se balancent au fil de l'eau.

– Des gorgones !

Je les connais : j'en ai dessiné des dizaines pour la couverture de l'album !

Le courant nous pousse vers une gorgone rose bonbon. De toutes petites étoiles de mer sont agrippées à ses branches.

– Oh, non ! se désole Kicha. Est-ce qu'elles sont prisonnières ? Est-ce qu'elles vont être mangées ?

Mlle Bille-en-Tête secoue la tête :

– Ne t'inquiète pas ! Elles vivent sur les gorgones, car, tout comme elles, les étoiles de mer se nourrissent de plancton, ces animaux microscopiques flottant dans l'eau.

– Je croyais que les branches des gorgones étaient équipées de dards empoisonnés, dis-je.

– C'est vrai, Thomas, confirme la maîtresse,

46

mais leur venin est inoffensif ; les gros poissons ne risquent rien. Seul celui des anémones, une espèce particulière de gorgones, est dangereux.

Un animal sans squelette

La gorgone est un corail mou : elle ne fabrique pas de squelette calcaire. Ses branches souples s'ouvrent en éventail ou en plumeau pour attraper le plancton en suspension dans l'eau. Son nom vient de celui de créatures mythologiques, les Gorgones, à la chevelure de serpents. Selon la légende grecque, ces monstres étaient doués du pouvoir de pétrifier ceux qui osaient les regarder. Or le corail possède des dards empoisonnés qui peuvent paralyser les poissons.

Habitants des récifs

Nous sommes tellement absorbés que personne n'a remarqué que des tentacules rampent le long des hublots... Lorsque Kicha pousse un cri d'alerte, il est trop tard.

Je me retourne. Par le hublot arrière, je distingue le tronc trapu d'une anémone, hérissé à son sommet de centaines de tentacules se tortillant dans tous les sens. L'animal nous a eus par surprise !

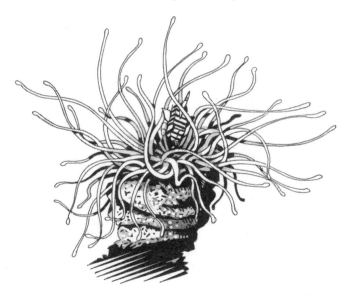

5
Tentative d'évasion

À travers les vitres du sous-marin, nous voyons les tentacules blanchâtres aux extrémités roses se refermer sur nous. À présent, ils recouvrent tous les hublots. Mlle Bille-en-Tête appuie à fond sur l'accélérateur et tourne le volant vigoureusement pour nous dégager. Les tentacules s'allongent, s'allongent… mais ne lâchent pas prise.

Soudain, Anne-Laure hurle. Je regarde dans la direction qu'elle indique, et j'aperçois une sorte d'énorme bouche qui s'ouvre, prête à nous avaler.

— On va se faire dévorer ! s'écrie Arnaud, horrifié.

La maîtresse accélère encore ; les moteurs du sous-marin rugissent de plus belle. Pourtant, rien à faire, l'anémone tient bon.

— Si on reprenait notre taille normale, elle serait obligée de nous relâcher ! s'exclame Ophélie.

— Bonne idée, approuve la maîtresse.

Elle appuie par petits coups sur le bouton qui commande la taille du sous-marin. Et, tout doucement, celui-ci redevient un gros poisson. En même temps, Mlle Bille-en-Tête enfonce la pédale d'accélérateur. Puissance maximale ! Un à un, les tentacules se détachent, et nous sommes catapultés hors de portée de l'horrible créature.

À cet instant, on entend un bruit d'explosion. La maîtresse fait une grimace :

— Oh, non ! L'un des deux moteurs est cassé ! Je vais essayer de le réparer.

Elle ouvre une trappe sous le tableau de bord et, armée d'une trousse à outils, plonge la tête dans la cale.

– Regardez ce drôle de petit poisson orange et blanc qui se promène au milieu des tentacules de l'anémone ! fait Anne-Laure.

– Comment fait-il pour ne pas se blesser ? s'étonne Raphaël.

– C'est un poisson-clown ! explique la fillette. Il est protégé par du mucus, une couche gluante qui le recouvre. C'est là qu'il vit, dans l'anémone !

– Ça alors ! Quelle idée ! s'écrie Arnaud.

– C'est une très bonne idée, au contraire. L'anémone l'héberge et le nourrit.

– Encore un profiteur ! plaisante Carlos.

– Pas du tout ! le contredit Anne-Laure. Le poisson-clown est également utile à l'anémone, car il chasse ses ennemis. Ce type d'association s'appelle la symbiose.

CHERCHE ASSOCIÉ

De nombreuses espèces animales, obligées de vivre côte à côte, s'associent pour mieux se défendre. C'est ce qu'on nomme la symbiose.
Ces relations sont de deux types :
- Les deux « associés » profitent l'un de l'autre : c'est le cas du corail abritant les algues, ou de l'anémone de mer hébergeant le poisson-clown.
- L'un des partenaires se sert de l'autre sans lui nuire : c'est le cas de tous les poissons qui se réfugient dans le corail.

Habitants des récifs

La tête de la maîtresse réapparaît enfin. Mais les nouvelles ne sont pas bonnes :

– Impossible de réparer ! Nous allons devoir faire surface, car je préfère ne pas continuer avec un seul moteur.

– Oh, non, pas déjà ! Moi qui voulais croiser une raie manta...

– Désolée, Thomas.

Mlle Bille-en-Tête enfonce un gros bouton rouge au centre du tableau de bord. Un bruit de pompe nous indique que les ballasts, les réservoirs placés sous la coque du sous-marin, se vident de leur eau pour se remplir d'air. Nous commençons notre remontée vers la surface.

Soudain, le bruit du moteur et le doux ronron de l'hélice sont noyés par un rugissement de plus en plus fort. Instinctivement, nous levons les yeux : cela semble provenir d'en haut.

Nous distinguons une silhouette sombre

et ventrue, pareille à celle d'une baleine. Un banc de poissons file vivement devant nous, puis un autre nous dépasse.

C'est bizarre... On dirait qu'ils s'affolent tous.

Et, subitement, un filet s'abat sur nous. C'est terrible ! Nous qui avions réussi à échapper à l'anémone, nous voilà pris dans un autre piège...

6
En plongée

— Des pêcheurs..., souffle Mlle Bille-en-Tête.

Un poisson-ange à rayures bleues et jaunes, deux poissons-papillons et une demoiselle se sont fait attraper avec nous.

Comme tout à l'heure, la maîtresse essaie de nous dégager, mais l'hélice se prend dans les mailles du filet.

L'unique moteur se met alors à tousser et, après un dernier hoquet, se tait pour de bon. Complètement impuissants, nous n'avons plus qu'à nous laisser hisser hors de l'eau, en imaginant le pire.

Lorsque nous émergeons, la lumière est si violente qu'elle nous fait cligner des yeux. Par les hublots, nous apercevons le visage d'un pêcheur. De grosses mains fouillent le filet et en retirent les quatre poissons, qu'elles jettent dans un seau rempli d'eau.

Puis vient notre tour. En touchant le sous-marin, l'homme a un mouvement de recul. Il ne s'attendait sûrement pas à une telle prise ! Il doit se demander comment cet étrange poisson métallique est arrivé dans son filet...

– Cachez-vous sous les sièges ! ordonne la maîtresse.

Nous obéissons aussitôt.

Je risque un regard timide par-dessus le rebord de mon siège. Les gros doigts du pêcheur tentent maladroitement de dégager l'hélice des mailles où elle s'est entortillée. Ayant réussi, l'homme approche son visage du sous-marin. Un œil perplexe apparaît en gros plan. Je

plonge de nouveau dans ma cachette.

Par chance, le pêcheur se débarrasse de nous. Il a dû décider que nous n'étions qu'un vulgaire jouet porté par les courants. D'un geste, il nous envoie voltiger dans les airs. Nous amerrissons avec un grand « plof ! » à la surface de l'eau, où nous flottons.

Le moteur du bateau de pêche rugit. Le bruit diminue à mesure que celui-ci s'éloigne. Le pêcheur a changé d'endroit, emportant

avec lui nos quatre compagnons d'infortune.

La maîtresse en profite pour nous redonner enfin notre taille normale... et transformer le sous-marin, devenu inutile, en bateau.

Sur le pont du voilier, nous respirons à grandes goulées. Quel plaisir de retrouver l'air libre !

– Pauvres poissons ! se lamente Ophélie.

– Mais pourquoi fait-il cela ? demande Kicha.

– Pour gagner de l'argent, bien sûr. Dans de nombreux pays, les gens vivent de la pêche de poissons ou de la collecte de coquillages tropicaux, qu'ils revendent à des aquariums. Cela a une

conséquence terrible sur le corail : sans poissons pour les manger, les algues finissent par l'envahir et l'étouffent.

– C'est affreux ! s'insurge Arnaud.

– Et la pêche n'est pas la seule activité de l'homme qui menace le récif ! poursuit la maîtresse. Il y a aussi la pollution et le réchauffement de la planète. Et les visites de touristes, dont les bateaux détruisent le corail en jetant leur ancre.

– Comment va-t-on rentrer, maintenant ? demande Arnaud.

– Nous avons encore du temps avant la tombée de la nuit, dit la maîtresse. Et je tiens toujours à vous montrer le lieu idéal pour observer les poissons de près !

– On ne peut plus plonger, sans sous-marin ! objecte Raphaël.

Heureusement, Mlle Bille-en-Tête a pensé à tout :

– Regardez sous vos sièges, les enfants !

Nous y découvrons un équipement de plongée : une combinaison, que nous revêtons, des palmes, une lampe-torche et un couteau à attacher au mollet ! Autour du cou, nous passons une ardoise blanche avec un stylo qui écrit sous l'eau.

– Super, on pourra communiquer ! Mais comment va-t-on respirer ? s'inquiète Ophélie. C'est vrai, on n'a pas de branchies, comme les poissons !

– Des branchies ? répète Kicha.

– Les poissons n'ont pas de poumons, explique la maîtresse. Ils respirent par les ouïes, des ouvertures placées de chaque

côté de la tête. L'oxygène de l'eau est ensuite conduit jusqu'à des organes appelés branchies. Pour vous, j'ai ce qu'il faut !

Elle distribue à chacun une capsule allongée, avec un embout au milieu, et nous montre comment le placer entre les dents.

– Cette cartouche d'air comprimé remplace la bouteille de plongée. Elle possède une réserve suffisante pour notre petite excursion.

– Chouette, un gadget à la James Bond ! lance Carlos.

– Mais où allons-nous ? demande Ophélie.

– Visiter une station de nettoyage !

– Une station de nettoyage ? s'étonne Raphaël. Pas possible !

– Comment peut-on se salir quand on vit dans une baignoire géante ? enchérit Carlos.

– Les poissons doivent se débarrasser

régulièrement de leurs parasites, de leurs peaux mortes, et faire nettoyer leurs plaies, explique Mlle Bille-en-Tête.

– Comment s'y prennent-ils ? interroge Kicha.

– Si vous voulez le savoir, suivez-moi !

Chaussée de ses palmes, la maîtresse s'avance d'une démarche maladroite jusqu'à une petite plate-forme à l'arrière du voilier. Elle avance une jambe au-dessus du vide et... hop ! elle saute sans hésiter.

Je rabats mon masque sur le nez, mords dans l'embout de ma cartouche et aspire l'air doucement. Je suis fier de pouvoir montrer l'exemple.

Grâce à mon expérience de la plongée, j'exécute un saut presque parfait. Sur le pont, mes camarades me félicitent. Ils se poussent du coude, hésitant à sauter à leur tour.

Carlos nous rejoint le premier, suivi de près par Anne-Laure. D'abord un peu craintifs, les autres finissent par plonger.

Seul Arnaud ne s'est pas encore décidé. Nous l'encourageons.

— Allez, viens ! lui crie Kicha. Tu ne vas pas rester tout seul à bord !

Cette remarque suffit à lui donner le courage qui lui manquait, et il s'élance enfin, un peu maladroitement.

Mlle Bille-en-Tête fait le signe de la descente, pouce tourné vers le bas. Elle plonge « en canard », et nous l'imitons.

Nous voilà tous nageant en pleine eau.

7
La station de nettoyage

L'eau est peu profonde à cet endroit. Nous nous posons sur le fond sablonneux. Tout autour d'un imposant massif de corail, un banc de petits poissons bleutés rayés de noir s'agite. La maîtresse griffonne sur son ardoise :

« Nettoyeurs ! »

Tout à coup, un énorme poisson, aussi grand que nous, s'approche. Sa lèvre inférieure, qui dépasse, lui donne un air boudeur. Je n'en crois pas mes yeux : un napoléon ! C'est l'un des plus grands poissons de récif.

Le mastodonte s'immobilise, nageoires écartées. Un nettoyeur, pas du tout impressionné, s'avance et commence à becqueter sur ses flancs les parasites, peaux mortes et résidus alimentaires.

Puis il nage vers la bouche grande ouverte, plantée de dents aiguisées... et s'y introduit.

J'écarquille les yeux, sûr qu'il va se faire engloutir. Mais le géant ne réagit pas. Le nettoyeur lui cure la mandibule, alors qu'un autre pénètre dans ses ouïes !

« Dégoûtant ! » gribouille Anne-Laure sur son ardoise.

Un vrai festin

Il existe des « stations de nettoyage » dans tout le récif. Les nettoyeurs peuvent être de petits poissons ou bien des crevettes. Ils se nourrissent de parasites et de résidus alimentaires. Pour eux, ces déchets sont un véritable régal ! Les tortues, les raies et même les requins viennent se faire nettoyer. Malgré leur taille, ces derniers ne toucheront pas à une écaille des nettoyeurs !

Habitants des récifs

Carlos s'est un peu écarté du groupe. Il inspecte un trou dans le corail lorsqu'un museau pointu apparaît à l'entrée. Pour s'amuser, il lui donne un coup de palme. Une murène au corps de serpent, d'au moins deux mètres de long, jaillit alors !

Carlos se met à pal-
mer comme un fou en
arrière. La créature le poursuit en ondulant, l'air agressif, sa
gueule ouverte sur de petites dents effilées.
Heureusement, à quelques centimètres de
la tête de mon ami terrorisé, la murène
change subitement d'avis. Elle oblique vers
les poissons nettoyeurs et ouvre grande
la bouche. L'un d'eux y entre profondé-
ment. Puis il en ressort sans aucun mal, et
le gros poisson regagne aussitôt son trou.

La maîtresse écrit sur son ardoise :
« Murène géante. Mieux vaut ne pas
l'agacer. »

LA MURÈNE

Il existe une centaine d'espèces de murènes.
Elles ont un corps d'anguille, légèrement aplati,
sans nageoires pectorales ni ventrales,
et sans écailles. Leur tête est courte, grosse et
bombée, avec de longues dents pointues.
À cause de sa gueule, souvent ouverte,
on croit qu'elle cherche à mordre. Mais
c'est parce qu'elle aspire l'oxygène de l'eau par la
bouche. Seules les plus grosses espèces, comme
la murène géante, s'attaquent aux plongeurs.

Habitants des récifs

Nous suivons la maîtresse jusqu'à un
tas de petits rochers et nous restons immo-
biles, à guetter. Au moment où un poisson
passe par là, une des pierres se détache,
ouvre la bouche et avale l'imprudent !

Je n'en crois pas mes yeux.

« Poisson-pierre », écrit Mlle Bille-en-
Tête.

Le poisson-pierre a retrouvé une totale

immobilité, se confondant parfaitement avec les rochers. Les apparences sont parfois trompeuses dans le récif...

« Bel exemple de camouflage », lit-on sur l'ardoise de la maîtresse.

COMMENT ÊTRE (PRESQUE) INVISIBLE

De nombreux animaux adoptent la même couleur que leur environnement afin de mieux se fondre dans le décor. Cette ruse s'appelle le camouflage. Elle a un double avantage ; elle permet :
- d'échapper au regard des prédateurs,
- de jouer sur l'effet de surprise pour capturer une proie.
Le poisson-pierre est un maître de l'art du camouflage. Il reproduit exactement la forme d'un rocher, immobile comme une statue.
Les aiguillons qui recouvrent son dos contiennent un poison plus violent que celui du cobra !

Habitants des récifs

Raphaël, très intrigué, avance la main pour effleurer l'étrange poisson. Mlle Bille-en-Tête n'a pas le temps d'intervenir.

Raphaël retire vivement sa main, une grimace de douleur sur le visage. Il vient de se piquer aux épines du poisson-pierre.

La maîtresse est affolée. Pouce tourné vers le haut, elle nous indique qu'il faut regagner le bateau au plus vite. Agrippant son élève par le bras, elle commence à remonter avec lui. Elle s'assure à peine que nous la suivons. La situation doit être très grave.

Arnaud, qui se tient devant moi, semble pétrifié. Je lui fais signe de se dépêcher, mais il secoue la tête d'un air impuissant. M'approchant de lui, je découvre avec horreur que l'une de ses palmes est prise dans un filet, sans doute abandonné par des pêcheurs.

Je cherche du regard le reste du groupe, qui s'éloigne rapidement. Je ne distingue plus que leurs bulles.

J'ai le choix entre deux solutions. Rattraper en toute hâte la maîtresse pour signaler le problème. Ou rester avec Arnaud, au risque que l'on se perde tous les deux...

8

Opération de sauvetage

En voyant le visage affolé de mon copain, je prends sans hésiter ma décision. Je ne peux pas l'abandonner ainsi.

Sa respiration s'est accélérée. Mes deux paumes tournées vers lui, je lui fais signe de se calmer. Il risque d'épuiser sa réserve d'air et de transformer une situation déjà compliquée en catastrophe !

Je sors mon couteau de plongée de son étui et commence à cisailler le filet. Mais les mailles sont épaisses, et l'angoisse me rend maladroit.

La chaleur sous ma combinaison est insupportable. Si je n'étais pas sous l'eau, je transpirerais à grosses gouttes. Je m'efforce de maîtriser mon souffle et mes gestes.

Enfin, la première maille cède, suivie d'une deuxième, et Arnaud parvient à dégager sa palme. Je le prends par le bras pour le rassurer. Dans son regard, je lis le soulagement... aussitôt remplacé par un nouvel éclair de frayeur.

Je me tourne dans la direction indiquée par son bras tendu.

Dans l'obscurité qui commence à tomber, je distingue une silhouette sombre en forme de torpille. La nage ondulée est facilement reconnaissable. Un requin !

Vite, nous trouvons refuge derrière un gros corail-boule. L'animal se rapproche. À ma grande surprise, vu de près, il semble plus petit. Je me mets à glousser, les épaules secouées de soubresauts.

Arnaud me regarde comme si j'étais devenu fou.

Bientôt, il rit, lui aussi : ce que nous avons pris pour un requin n'est en réalité qu'un gros thon...

De là où nous sommes, nous assistons alors à une drôle de rencontre. Le thon, persuadé d'avoir trouvé une proie facile, se précipite sur un poisson ovale couvert de taches. Celui-ci, au lieu de fuir devant la menace, fait une chose incroyable.

À quelques centimètres du prédateur, il se met soudain à gonfler, gonfler, jusqu'à atteindre la taille d'un ballon de basket ! En même temps, il déploie des épines tranchantes. Et c'est le plus gros, le thon, qui décampe !

J'écris sur mon ardoise : « Poisson-ballon ».

PAS LE GENRE À SE DÉGONFLER !

Lorsqu'il se sent menacé, le poisson-ballon, ou poisson-globe, remplit d'eau une poche dans son estomac. Il ressemble alors à un ballon, dont émergent seulement la queue, les yeux et la bouche. Ce gonflement spectaculaire est un excellent moyen de défense. De plus, sa peau et ses organes contiennent un poison mortel pour ses prédateurs, qui n'ont pas intérêt à le taquiner...

Habitants des récifs

J'allume ma lampe-torche et fouille l'eau du regard. Je suis de plus en plus mal à l'aise à l'idée que de dangereux prédateurs patrouillent dans le secteur.

Et puis ce que je craignais arrive. Arnaud, paniqué, tire trop vite sur sa cartouche d'air. Il suffoque : sa réserve est épuisée. J'essaie de le rassurer du regard.

Ayant pris une bonne goulée d'air, je bloque ma respiration. J'ôte ma cartouche de ma bouche et la tends à Arnaud, qui se met à téter avidement. Après deux ou trois inspirations, il se calme et me la rend.

Nous nous entraînons à respirer à tour de rôle. À présent, il est urgent de rega-gner la surface. Collés l'un à l'autre, nous commençons notre remontée.

C'est alors qu'un phénomène étrange se produit. Dans le faisceau de ma torche, je vois des centaines, des milliers de bulles minuscules, pas plus grosses que des têtes d'épingle. Elles nous enveloppent et s'élèvent lentement.

Soudain, une forme sombre traverse la nuée de bulles. On dirait un grand drap flottant dans le courant.

Une raie manta ! Quelle chance ! Moi qui ai rêvé d'en voir une, je n'en crois pas mes yeux. Elle est immense, elle mesure six ou sept mètres. Et elle est accompagnée de deux « petits » qui font bien deux mètres de long !

Pas farouche, la raie manta nous accompagne dans notre remontée. Elle ondule au-dessus de nos têtes à une distance

RAIE MANTA, UNE GÉANTE TRANQUILLE

La raie manta est aussi appelée « diable des mers ». Dans la famille des raies, c'est une géante : elle atteint sept mètres de long et pèse en moyenne une tonne. Cousine des requins, elle est pourtant inoffensive. Malgré sa taille, elle ne mange que du plancton, des crustacés et de très petits poissons. Elle se sert de deux cornes recourbées pour capturer sa nourriture. Elle n'attaque jamais l'homme, sauf en cas d'agression. L'aiguillon à la base de sa queue provoque alors une vive douleur à son ennemi.

Habitants des récifs

raisonnable. Nous atteignons enfin la surface et prenons congé de notre nouvelle amie.

9
Retrouvailles

À peine avons-nous sorti la tête de l'eau que nous entendons des cris. Depuis le pont du voilier, les copains nous font de grands signes.

J'entends Raphaël qui s'égosille :

– Là, regardez !

Je me retourne juste à temps pour voir la raie manta qui bondit au-dessus des flots. Comme pour un dernier au revoir. J'avais oublié que, malgré son poids, elle est capable de sauter à une hauteur de cinq mètres !

Après nous avoir offert ce spectacle impressionnant, l'animal retombe dans une énorme gerbe d'éclaboussures et disparaît pour de bon.

Avec regret, je me mets sur le dos et commence à battre des palmes pour rejoindre le bateau, imité par Arnaud. Nous nageons dans une drôle de matière gluante.

Lorsque nous arrivons au voilier, les copains nous aident à grimper à bord. Ils ont l'air très heureux et soulagés de nous retrouver !

Mlle Bille-en-Tête s'exclame :
– Thomas, Arnaud, vous m'avez fait une de ces peurs !

Raphaël me donne de grandes claques sur l'épaule. Il est tout pâle, mais il est tiré d'affaire. Mlle Bille-en-Tête lui a injecté un contrepoison.

Je raconte avec enthousiasme notre aventure, sans oublier l'étrange nuage de bulles.

– Ce ne sont pas des bulles, Thomas, mais des œufs ! corrige la maîtresse. On appelle cela le frai. Une fois par an, les coraux femelles libèrent leurs œufs, et les mâles, leurs spermatozoïdes. Leur rencontre va donner naissance à de nouvelles colonies de corail. En ce moment même, toute la surface est

couverte de la semence des coraux.

Beurk ! C'était donc cela, la matière gluante dans laquelle nous avons nagé...

– À présent, tous au lit ! ordonne la maîtresse. Pendant que vous prendrez un peu de repos, je vais réparer les moteurs. Et, demain matin, nous allons regagner l'école !

POUR FAIRE DES BÉBÉS CORAUX

Le corail peut se reproduire de deux façons :
- le polype se sépare en deux, chaque petit formant une nouvelle colonie : c'est la division
- ou le corail femelle libère des œufs, qui vont rencontrer les spermatozoïdes d'un corail mâle. Les œufs fécondés, ou larves, se déposent au fond de l'océan et créent de futurs massifs : c'est le frai. Un grand nombre d'œufs sont entraînés vers la haute mer, ou dévorés par les anémones ou les poissons. C'est pour cela que les coraux en expulsent des millions en une seule fois. Ainsi, il en reste suffisamment pour assurer la survie du récif.

Habitants des récifs

Je découvre avec surprise que la cabine du voilier comporte huit couchettes.

Nous nous jetons sur elles tout habillés et jacassons, excités par l'aventure que nous venons de vivre. Mais nous sommes épuisés, et les bavardages cessent très vite.

Je reste le seul éveillé. Je me repasse en boucle la rencontre inoubliable avec la raie manta.

Fin

Si tu as aimé ce livre,
tu peux lire d'autres histoires
dans la collection